まちごとチャイナ

Shanghai 003 Waitan

外灘と南京東路

色気香る「オールド上海」

Asia City Guide Production

【白地図】上海

CHINA
上海

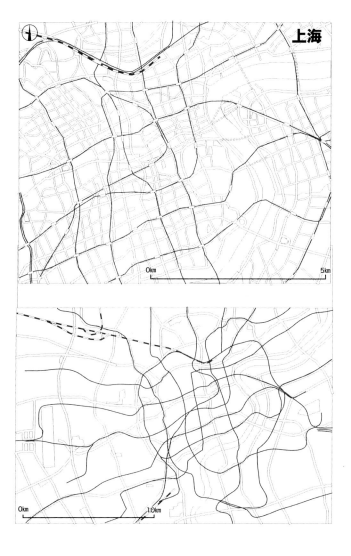

上海

Waitan

白地図

【白地図】上海中心部

CHINA
上海

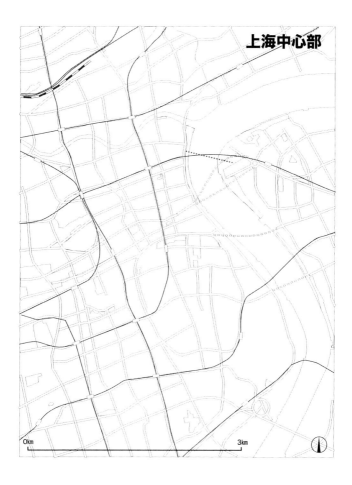

【白地図】外灘と旧市街

CHINA
上海

外灘と旧市街

Waitan

白地図

【白地図】外灘（バンド）

CHINA
上海

外灘
(バンド)

Waitan 白地図

【白地図】南京東路

CHINA
上海

【白地図】人民広場

CHINA
上海

人民広場

Waitan 白地図

【白地図】人民広場拡大

CHINA
上海

Waitan 白地図

人民広場拡大

【白地図】豫園

CHINA
上海

【白地図】豫園（園林区）

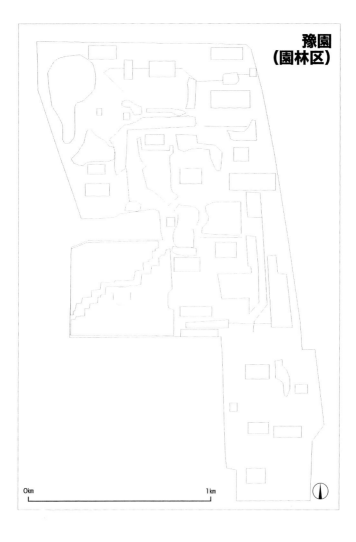

【白地図】旧上海県城

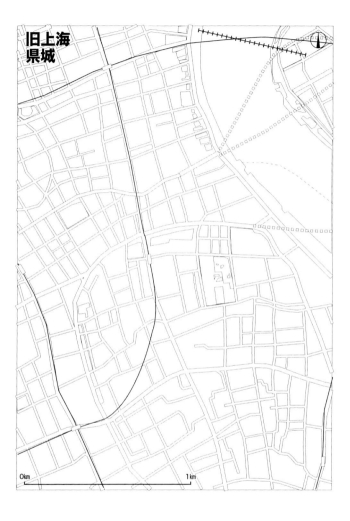

【白地図】老西門

CHINA
上海

Waitan 白地図

老西門

【白地図】南市

CHINA
上海

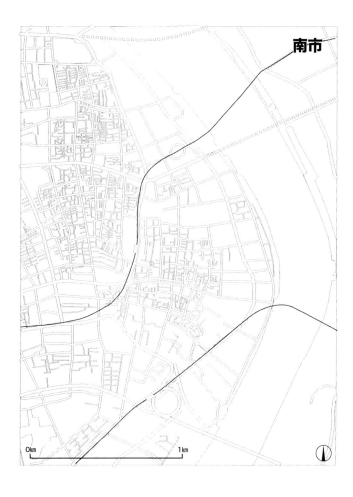

南市

Waitan

白地図

【まちごとチャイナ】

上海 001 はじめての上海

上海 002 浦東新区

上海 003 外灘と南京東路

上海 004 淮海路と市街西部

上海 005 虹口と市街北部

上海 006 上海郊外（龍華・七宝・松江・嘉定）

上海 007 水郷地帯（朱家角・周荘・同里・甪直）

CHINA
上海

外灘は黄浦江が大きく湾曲する上海中心部の西岸に開けたウォーターフロントで、そこには灰色をした石づくりの建築群がならぶ。これらは19世紀以来、中国に進出した西欧列強の商館や銀行、領事館跡で、かつて「中国のなかの西欧（租界）」にたとえられていた。

もともと上海には宋代（11世紀）以来の街があり、外灘南西の伝統県城のなかで中国人が暮らしていた（豫園、城隍廟などが残り、楕円形の城壁跡は道路になっている）。19世紀、この上海県城に隣接して西欧人が租界を構えたことから、「西

Waitan
外灘と南京東路
外滩 wàitān

欧人の上海」と「中国人の上海」がならび立つようになった。

　西欧の文化が流入するかたちで街は急速に発展を見せ、上海はわずか100年ほどで中国屈指の都市へと成長した。現在でも近代に建てられた欧風建築がいたるところに残り、「魔都」と呼ばれた1920〜40年代の面影を伝えている。

【まちごとチャイナ】

上海 003 外灘と南京東路

CHINA
上海

目次

外灘と南京東路	xxvi
租界と上海150年	xxxii
外灘城市案内	xlii
南京東路城市案内	lxxv
陰謀渦巻く魔都上海	xcvi
豫園城市案内	ci
旧県城城市案内	cxvii
バンドと上海誕生のころ	cxxxvii

【MEMO】

【地図】上海

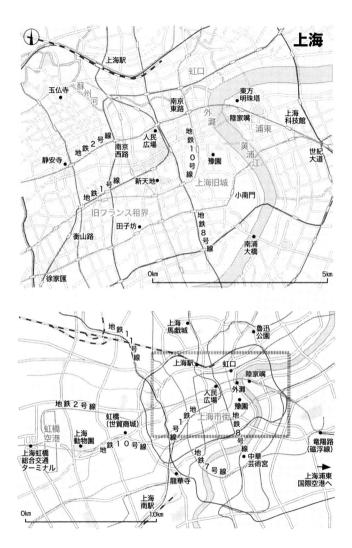

Waitan 外灘と南京東路

租界と
上海
150年

CHINA
上海

19世紀初頭、50万人ほどの人口だった上海
20世紀初頭に100万人、1920年代には300万人
急増した人口がこの街の成長のスピードを物語っている

中国随一の国際都市

碁盤の目状の街区を残す北京や西安と違って、上海は黄浦江岸の港を中心にこの街と世界各都市を結ぶかたちで展開してきた。19世紀末以来、イギリスやフランスが租界を構え、20世紀初頭にはドイツ、イタリア、ロシア、スペイン、日本など世界50か国もの人が暮らす国際都市となっていた。西欧の影響を受けながら、中国ではじめて近代化がはじまったのも上海で、こうした街の性格は「新しいもの好き」の上海人の気風をつくってきた。「中国ではじめて」「中国初」は上海から起こると言われ、流行の発信地となっている。

Waitan 租界と上海150年

租界と近代

アヘン戦争後の1842年、上海の開港が決まり、やがて西欧人の暮らす居留地が定められた。そこは「区切られた借地」を意味する租界と呼ばれ、中国側の行政権がおよばない「中国であって、中国でない土地」となった(中国側からすれば、西欧人を1か所に集めて隔離した)。西欧人は衣食住ともに彼らの生活をもちこんだため、水道、電灯、電話、ガスが整備され、社交界、競馬などの娯楽や文化ももたらされた。産業革命で達成された近代化、機械化、都市化が上海で進み、この街は1920〜40年代、東アジア最大の都市となっていた。

【MEMO】

CHINA
上海

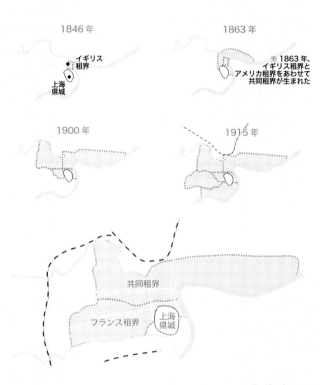

CHINA
上海

▲左 外灘のシンボルとも言える上海海関。 ▲右 豫園は上海県城に残る江南の名園

上海と港

長江(などの大河)の洪水や倭寇の被害をさけるため、中国では海岸からやや内陸部に入った地点に港がおかれてきた。とくに長江流域は世界有数の人口密集地帯であったため、そこに続く上海は早くから注目され、世界各地と中国を結ぶ港として発展をはじめた(長江は、その長い流れの最後に黄浦江を受け入れる)。経済の工業化、産業の高度化のため、ある地域にないものが輸出入され、飛行機や車の登場する以前、「海運」と「鉄道」がその貿易をになった。19世紀、「日の沈まぬ国」と言われたイギリスは世界の海と港町をおさえ、

【MEMO】

上海はイギリスの極東拠点となっていた。

上海旧市街の構成

上海旧市街は、おもにイギリスを中心とした共同租界、中国人が暮らした楕円形の旧上海県城、両者のあいだから西へ続くフランス租界からなった（また蘇州河北の虹口には、日本人が集住した）。1845年の土地章程で租界が設定され、黄浦江沿いの港から内陸部に向かって開発が進み、上海は拡大を続けた。1860年代に整備された街区では、東西と南北の道路が直角に交差し、黄包車（人力車）の車夫にでもわかるよ

Waitan　租界と上海150年

▲左　あらゆる中華料理が食べられるのも上海の魅力。　▲右　連なる自動車の列、街は活気にあふれている

うに南北を河南路、青蔵路など「中国の省名」、東西を南京路、福州路など「都市名」とした（南北が路、東西が道）。

【地図】上海中心部

【地図】上海中心部の [★★★]
- ☐ 南京東路 南京东路ナンジンドンルウ
- ☐ 外灘 外滩ワイタン
- ☐ 豫園 豫园ユゥゥユゥエン

【地図】上海中心部の [★★☆]
- ☐ 黄浦江 黄浦江ファンプウジィアン
- ☐ 人民広場 人民广场レンミングァンチャン

【地図】上海中心部の [★☆☆]
- ☐ 延安東路 延安东路ヤンアンドンルウ
- ☐ 大世界 大世界ダアシイジエ
- ☐ 老西門 老西门ラオシイメン

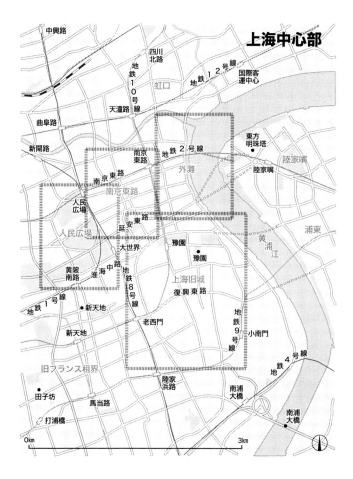

Guide, Wai Tan
外灘
城市案内

CHINA
上海

外灘とは「外黄浦灘（外国人の岸）」を意味する
かつて港町上海の玄関口だったところで
ジャンク船や各国の汽船が往来する姿があった

外灘 外滩 wài tān ワイタン ［★★★］

黄浦江沿いを南北2km、東西1kmに渡って続くウォーター・フロント外灘（北の蘇州河から南の人民路）。1920～40年代に建てられた西欧の銀行、商社、領事館、税関などが当時の姿でずらりとならび、南から1号、2号と番号がつけられている。この外灘は他のイギリス植民都市でも使われた「バンド」の呼称でも知られ、ヒンドゥー語で「築堤」を意味する。また黄浦江の港から突如現れる高層建築群（当時）の裏側には中国人の生活があったところから、「偽りの正面」とも呼ばれていた（1920年代のアメリカの摩天楼の影響もう

かがえるという)。

黄浦江 黄浦江 huáng pǔ jiāng ファンプウジィアン［★★☆］
太湖東の淀山湖から流れて上海にいたり、呉淞口で長江に合流する全長114㎞の黄浦江。上海の街は蘇州河が黄浦江に合流する地点に開け、上海という地名は黄浦江「上流の水辺」を意味する（楊樹浦あたりが「下海」と呼ばれていた）。流れが穏やかで充分な幅（400m）と水深があったことから、河港の建設に適し、黄浦江の水利によって街は発展した。

【地図】外灘と旧市街

【地図】外灘と旧市街の [★★★]
- ☐ 外灘 外灘ワイタン
- ☐ 南京東路 南京东路ナンジンドンルウ
- ☐ 豫園 豫园ユゥユゥエン

【地図】外灘と旧市街の [★★☆]
- ☐ 黄浦江 黄浦江ファンプウジィアン
- ☐ 旧香港上海銀行（外灘）旧香港上海银行 ジュウシィアングァンシャンハイインハン
- ☐ 和平飯店北楼（旧サッスーン・ハウス）和平饭店北楼 ハァピンファンディエンベイロウ

【地図】外灘と旧市街の [★☆☆]
- ☐ 延安東路 延安东路ヤンアンドンルウ

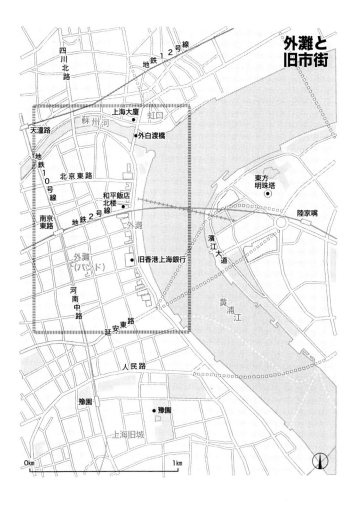

【地図】外灘（バンド）

【地図】外灘（バンド）の [★★★]
- [ ] 外灘 外滩 wài tān ワイタン
- [ ] 南京東路 南京东路 ナンジンドンルウ

【地図】外灘（バンド）の [★★☆]
- [ ] 黄浦江 黄浦江 ファンプウジィアン
- [ ] 黄浦公園 黄浦公园 ファンプウゴンユゥエン
- [ ] 旧香港上海銀行（外灘）旧香港上海银行 ジュウシィアングァンシャンハイインハン
- [ ] 上海海関 上海海关 シャンハイハイグァン
- [ ] 和平飯店北楼（旧サッスーン・ハウス）和平饭店北楼 ハァピンファンディエンベイロウ

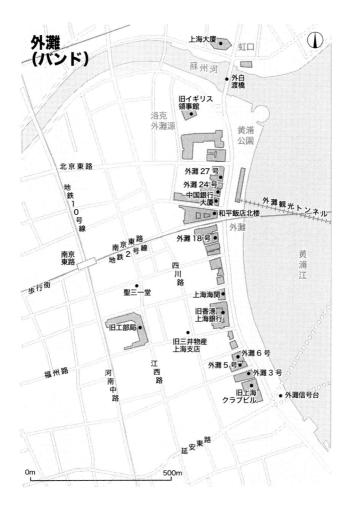

【地図】外灘（バンド）

【地図】外灘（バンド）の [★☆☆]

- [ ] 外灘観光隧道 外滩观光隧道
  ワイタングァングウアンスイダオ
- [ ] 外灘信号台 外滩信号台ワイタンシンハオタイ
- [ ] 旧上海クラブビル 上海总会大楼
  シャンハイツォンフイダアロウ
- [ ] 外灘3号 外滩3号ワイタンサンハオ
- [ ] 外灘5号 外滩5号ワイタンウゥハオ
- [ ] 外灘6号 外滩6号ワイタンリィウハオ
- [ ] 外灘18号 外滩18号ワイタンイィバァハオ
- [ ] 中国銀行大廈 中国银行大厦
  チョングゥオインハンダァシャア
- [ ] 外灘24号（旧横浜正金銀行）外滩24号
  ワイタンアアスゥハオ
- [ ] 外灘27号（旧ジャーディン・マセソン商会）
  外滩27号ワイタンアアチイハオ
- [ ] 旧イギリス領事館 英国驻沪总领事馆
  イングゥオチュウフウツォンリンシイグァン
- [ ] 洛克・外灘源 洛克外滩源ルゥオカァワイタンユゥアン
- [ ] 聖三一堂 圣三一堂シェンサンイイタン
- [ ] 旧工部局 上海公共租界工部局
  シャンハイゴォンゴンチュウジエゴンブウジュウ
- [ ] 旧三井物産上海支店 三井洋行旧址
  サンジンヤンハンジュウチイ
- [ ] 福州路 福州路フウチョウルウ
- [ ] 延安東路 延安东路ヤンアンドンルウ

【MEMO】

Waitan 外灘城市案内

CHINA
上海

黄浦公園 黄浦公园
huáng pǔ gōng yuán ファンプウゴンユゥエン [★★☆]
黄浦江に沿って南北に続く黄浦公園は、租界に暮らした西欧人の「憩いの場」パブリックガーデンをはじまりとする（イギリス植民都市では、教会、公園、競馬場が必ずつくられた）。1868年に整備され、当時、「犬と中国人は入るべからず」という看板があったという。現在は遊歩道となっていて、対岸には浦東の摩天楼がそびえるほか、朝には太極拳を行なう人々の姿がある。かつてあったイギリス上海領事パークスの像の代わりに、1993年、初代上海市長の陳毅像が建てられた。

▲左　朝の黄浦公園、散歩をする人の姿が見える。　▲右　外灘対岸には浦東の摩天楼が広がる

また公園北部には高さ60mの人民英雄紀年塔がそびえる。

外灘観光隧道 外滩观光隧道 wài tān guān guāng suì dào
ワイタングァングウアンスイダオ［★☆☆］

黄色くにごった黄浦江の外灘（浦西）と浦東を結ぶ外灘観光隧道（トンネル）。専用の電動車体で黄浦江の地下を進み、400m先の対岸へたどり着く。

【MEMO】

CHINA
上海

外灘建築群

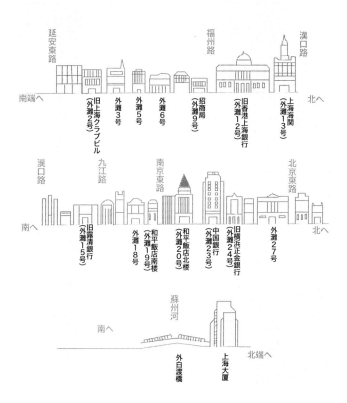

CHINA
上海

外灘信号台 外滩信号台
wài tān xìn hào tái ワイタンシンハオタイ [★☆☆]

徐家匯の天文台が観測した気象情報を船舶や漁師に伝えた外灘信号台。1907年に建てられたこの信号台は高さ50mで、1960年まで実際に使用されていた。電気を使った通信（電信）の近代文明への貢献度が高く、事故を減らすことにつながった。

Waitan 外灘城市案内

旧上海クラブビル 上海总会大楼 shàng hǎi zǒng huì dà lóu シャンハイツォンフイダアロウ［★☆☆］

租界時代、イギリス人を中心とする上流階級の人々の社交場だった旧上海クラブビル。ロビーにいるとすぐに会いたい人に会え、知りたい情報が手に入ったと言われ、行政や金融に関する情報交換が行なわれた。上海でもごくわずかの層が参加でき、入会希望者について賛成の委員は「その人を知っているよ」、反対の委員は「僕はその人を知らない」と言って意思を示したという。

外灘3号 外滩3号
wài tān sān hào ワイタンサンハオ [★☆☆]

旧ユニオン・アシュアランス・カンパニーズビルを前身とする外灘3号。1916年に建てられた建物は、現在、内部が改装され、レストランやギャラリーが入居している。

外灘5号 外滩5号
wài tān wǔ hào ワイタンウゥハオ [★☆☆]

1925年に建てられ、日清汽船上海支店がおかれていた外灘5号。日清汽船は日清戦争後の1907年に設立され、日本と上

▲左　重厚な石づくりの建築が続く。　▲右　中国通商銀行が入居していた外灘6号

海を往来して貿易、海運にあたった。建物内部は改装されている。

外灘6号 外滩6号
wài tān liù hào ワイタンリィウハオ [★☆☆]

アメリカのラッセル商会によって建てられた3階建ての外灘6号。1897年から中国人による最初の銀行である中国通商銀行が入居していた。現在の外灘の建築のほとんどが1920〜40年代のものだが、この外灘6号は19世紀以前に建てられた古い部類に入る。

旧香港上海銀行（外灘）旧香港上海银行
jiù xiāng gǎng shàng hǎi yín háng
ジュウシィアングァンシャンハイインハン [★★☆]

ドームを載せた堂々とした外観をもつ旧香港上海銀行（中国名、匯豊銀行）。1923年に建てられ、「スエズ運河以東で最高の建築」とたたえられていた。この香港上海銀行はジャーディン・マセソン商会、デント商会、サッスーン財閥などが設立に参加した為替銀行で、アヘン戦争後の1865年に香港や上海で営業を開始した。アヘン取引の決済、清朝への軍事費の貸しつけ、中国鉄道の利権獲得などにあたり、借款（金

融)を通して中国を半植民化するなど、イギリスの植民地経営、東アジアの近代に絶大な影響を及ぼした。

上海海関 上海海关
shàng hǎi hǎi guān シャンハイハイグァン［★★☆］
外灘の象徴とも言える時計塔をそなえた上海海関。海関は外国船への関税事務を行なう機関で、上海海関は上海の開港を受けて1854年に建設され、開設当初は中国風建築だった。やがて中国の権益が奪われていくなかで西欧列強が上海海関を管理するようになり、現在の建物は1927年に建てられた

(上海海関の重要性を認識していた西欧が、海関の権利を担保にとって清朝に金を貸しつけた)。

外灘 18 号 外滩 18 号
wài tān yī bā hào ワイタンイィバァハオ [★☆☆]
1923年に建てられたビルが大胆に改装され、レストランやショップが入居する外灘18号。租界時代、チャータード銀行(中国名は渣打銀行)が拠点をおいた建物で、香港上海銀行とならんでイギリスの植民都市で活動した。

▲左　南京東路から見る東方明珠塔、左は和平飯店北楼。　▲右　緑色の屋根が印象的な和平飯店北楼、「上海の王」が君臨した

和平飯店北楼（旧サッスーン・ハウス）和平饭店北楼
hé píng fàn diàn běi lóu
ハァピンファンディエンベイロウ ［★★☆］

外灘の中心部、南京東路が走る最高の立地にそびえる和平飯店北楼（旧サッスーン・ハウス）。深緑色の三角屋根を載せる建物は、13階建て高さ77mになり、「上海の王」にもたとえられたサッスーン財閥が本拠を構えていた（隣の中国銀行がより高いビルを建てようとしたとき、サッスーン財閥からの圧力がかかり、この建物より低くなったという）。1階～4階は銀行や商店、事務所に、5階～10階まではホテルに利

用され、ここで演奏されるジャズは広く知られていた。また通りをはさんで和平飯店南楼が立ち、こちらは上海で最初にエレベーターをそなえた旧パレス・ホテルを前身とする。

サッスーン財閥とは

サッスーン財閥はロスチャイルド家とならび称されるユダヤ系財閥で、バグダッド（イラク）を祖先の地とした。そこから港町ブーシェル（イラン）、ムンバイ（インド）と、イギリス東インド会社が商館をおく港町へ拠点を移していった。こうしたなかインドのアヘンを中国に運ぶことでサッスーン

財閥は台頭し、やがて香港をへて上海に本拠を構えることになった（19世紀、サッスーン財閥はジャーディン・マセソン商会にアヘンの値下げ競争で勝利し、地位を確固たるものにした）。上海では土地の売買など不動産業を多く手がけ、ブロードウェイ・マンション（蘇州河北の上海大厦）もサッスーン財閥によって建てられた。

中国銀行大厦 中国银行大厦 zhōng guó yín háng dà shà
チョングゥオインハンダァシャア ［★☆☆］

和平飯店北楼にならんで立つ中国銀行は、戸部銀行（清朝時代の外国為替専門銀行）の流れをくみ、現在でも中国有数の銀行として知られる。17階建ての建物は1937年に建てられ、欧風建築が続く外灘にあって中国風の屋根をもつ。外灘23号とも呼ばれる。

▲左　中国のなかの西欧、かつてここはそう呼ばれていた。　▲右　黄浦江を行く船、上海は港町として発展した

外灘 24 号（旧横浜正金銀行）外滩 24 号
wài tān èr sì hào　ワイタンアアスゥハオ　[★☆☆]

外灘 24 号は 1924 年に建てられ、かつて横浜正金銀行が入居していた。横浜正金銀行は国策の為替銀行として 1880 年に設立され、1893 年に上海支店を開設した（三井物産や満鉄はじめ中国進出を目指す日本企業に資金援助を行なった）。この建物は日本人ではなく、租界の建築を多く手がけるイギリスの事務所が設計し、門扉には扇子や甲冑姿の武士の意匠が見える。

上海

外灘27号（旧ジャーディン・マセソン商会）外滩27号
wài tān èr qī hào ワイタンアアチイハオ ［★☆☆］

ジャーディン・マセソン商会は1832年にマカオで設立され、アヘン戦争後の1843年に上海支店を開いた。当初、インドからアヘンを中国に輸出、中国の茶をイギリスに輸入していたが、やがて鉄道や炭鉱までをあつかう総合商社へと成長した（アヘン戦争の開戦は、ジャーディン・マセソン商会などの要求も一因にあった）。現在の外灘27号は1920年代に建てられたもので、怡和洋行大楼の名前で親しまれてきた。

外灘城市案内 Waitan

旧イギリス領事館 英国驻沪总领事馆
yīng guó zhù hù zǒng lǐng shì guǎn
イングゥオチュウフウツォンリンシイグァン［★☆☆］

旧イギリス領事館は外灘に残る建物群のなかでもっとも古く、1872年に建てられた（最初の領事館は1853年にあったが消失した）。1845年、上海に着任した初代領事バルフォアと上海道台（清朝官吏）のあいだで土地章程が結ばれ、イギリス人居留地の租界が設定された。続いて1846年に赴任したオールコックは、本格的に上海のまちづくりを進め、1859年に日本へ転勤している。旧イギリス領事館で見られるベラ

ンダは、イギリスが湿気の多いアジアで生み出した様式として知られる。

洛克・外灘源 洛克外滩源 luò kè wài tān yuán
ルゥオカァワイタンユゥアン ［★☆☆］

洛克・外灘源（ロックバンド）は外灘から一歩なかに入った一帯で、「外灘はじまりの地」として再開発が進んだ。並行して走る円明園路と虎丘路では、当時の雰囲気が再現されているほか、中国の現代アートをあつかう上海外灘美術館も開館している。

▲左　夜、ライトアップされる建築群、多くの人でにぎわう。　▲右　蘇州河北側の外白渡橋と上海大厦、外灘北のここにも名建築が残る

聖三一堂 圣三一堂
shèng sān yī táng シェンサンイイタン［★☆☆］

聖三一堂は上海租界で暮らしはじめたイギリス人のための礼拝堂（イギリス国教会）をはじまりとする。1847年に建てられ、その後の1869年に再建されたのが現在の建物で、当時は黄浦江の港からまず視界に入ってくる建物だったという（外灘の建築群が今ほど高くなかった）。1840年に勃発したアヘン戦争以後、キリスト教の宣教師による中国布教が本格化した。

上海

旧工部局 上海公共租界工部局
shàng hǎi gōng gòng zū jiè gōng bù jú
シャンハイゴォンゴンチュウジエゴンブウジュウ [★☆☆]

工部局は上海共同租界の行政、消防、警察、街の清掃などを担当した機関で、1855年に設立された。租界行政は道路整備などの土木工事に関わることが多かったことから、清朝六部のひとつのこの名称がつけられた。工部局の頂点には選挙で選ばれた7名の参事（上海参事会 Shanghai Municipal Council）がいて、イギリス商人を中心に参事の国籍が各国の力関係を示していた。周囲には行政機関や警察などが集ま

り、現在の建物は1921年に建てられたもの(英領インドから移住してきたターバン姿のシーク教徒警察官は、イギリス植民都市の風物詩とも言えた)。

旧三井物産上海支店 三井洋行旧址
sān jǐng yáng háng jiù zhǐ
サンジンヤンハンジュウチイ [★☆☆]

日本の大陸進出にあわせるように1876年に設立された三井物産上海支店。上海支店はその翌年に開かれた初の海外支店で、天津、シンガポール、ムンバイへと支店網を広げていっ

CHINA
上海

た。上海では三池炭の販売と綿花や船舶などの売買を行ない、日本から多くの社員を上海に送り込んでいた。この建物は、1903年に建てられたもの。

【MEMO】

Guide,
Nan Jing Dong Lu
南京東路
城市案内

港の外灘からまっすぐ西へと続いていた南京東路
中国を代表するデパートや飲食店がずらりとならび
「購物天堂」とも「南京路は風も香る」と言われる

南京東路 南京东路
nán jīng dōng lù ナンジンドンルウ [★★★]

南京東路は1日を通してにぎわいを見せる上海随一の繁華街で、上海第一百貨商店、上海第一食品商店などの大型店、上海蟹や火鍋を食せる店舗、清代創業の漢方店の蔡同徳堂などがならぶ。1851年、競馬場（現人民広場）へ続く道として整備され、当初は500mほどの長さだったが、租界の拡大とともに西に伸びた（競馬場へ続いたことから大馬路とも呼ばれた）。デパート、洋行（商店）、織物店、薬坊、時計店、書店、カメラや時計などが集まる通りは流行の発信地となり、上海

【地図】南京東路の [★★★]

- ☐ 南京東路 南京东路ナンジンドンルウ
- ☐ 外灘 外滩ワイタン
- ☐ 豫園 豫园ユウゥユゥエン

【地図】南京東路の [★★☆]

- ☐ 人民広場 人民广场 レンミングァンチャン
- ☐ 上海博物館 上海博物馆シャンハイボォウウグァン
- ☐ 和平飯店北楼（旧サッスーン・ハウス）和平饭店北楼 ハァピンファンディエンベイロウ

【地図】南京東路の [★☆☆]

- ☐ 福州路 福州路フウチョウルウ
- ☐ 新世界（マダム・タッソー蝋人形館）新世界 シンシイジエ
- ☐ 延安東路 延安东路ヤンアンドンルウ
- ☐ 大世界 大世界ダアシイジエ
- ☐ 聖三一堂 圣三一堂シェンサンイイタン

CHINA
上海

▲左　派手な看板が見える南京東路、にぎわいは1日中続く。　▲右　租界のイギリス人たちが礼拝に訪れた聖三一堂

県城にあった街の中心がこちらに移った。南京路という名前は南京条約からとられたもので、1999年、南京東路商業歩行街として整備され、現在にいたる。

百貨店の開店

1917年、「上海初のデパート」先施公司が南京東路で開店し、翌年、その向かいで永安公司が営業を開始した。デパートは呉服店、時計店といった専門店にくわえて、レストラン、劇場、屋上庭園などの娯楽施設をそなえ、流行、文化の発信地となった。それまでの「専門店で必需品を買う」というスタイルか

【MEMO】

上海

ら「買うものを決めずにデパートへ行く」という新たな買いもの文化が生まれた（また顧客との駆け引きで決まっていた価格を「掛け値なし」ではっきりと定めた）。産業革命によって衣服や物資の大量生産が可能になり、デパートは新たな都市文化の担い手となっていた。

福州路 福州路 fú zhōu lù フウチョウルウ ［★☆☆］
南京東路の南側を東西に走る福州路。租界時代には、茶館や料理店、商店、ダンスホール、アヘン窟が集まる歓楽街だった（また新聞社や書店、文具店が林立する文教区でもあった）。

▲左　かつて四馬路と呼ばれた福州路。　▲右　上海の中心に位置する人民広場、博物館や美術館がならぶ

南京路から数えて4本目の通りにあたったことから四馬路（スマロ）とも呼ばれ、「夢のスマロ」として戦前の日本人から羨望を集めていた。

新世界（マダム・タッソー蝋人形館）新世界
xīn shì jiè シンシイジエ［★☆☆］

南京東路と青蔵路が交差する地点に立つ新世界。1915年に開業した総合娯楽施設を前身とし、現在、著名人の蝋人形が見られるマダム・タッソー蝋人形館が入居している（租界時代には、劇場、ビリヤード場、茶館などをそなえていた）。

【地図】人民広場

【地図】人民広場の [★★★]
- [ ] 南京東路 南京东路 ナンジンドンルウ

【地図】人民広場の [★★☆]
- [ ] 人民広場 人民广场 レンミングァンチャン
- [ ] 上海博物館 上海博物馆 シャンハイボォウグァン

【地図】人民広場の [★☆☆]
- [ ] 福州路 福州路 フウチョウルウ
- [ ] 新世界（マダム・タッソー蝋人形館）新世界 シンシイジエ
- [ ] 上海城市規劃展示館 上海城市规划展示馆 シャンハイチャンシイグイファアチャンシイグゥアン
- [ ] 上海大劇院 上海大剧院 シャンハイダァジュウユゥアン
- [ ] 上海当代芸術館 上海当代艺术馆 シャンハイダァンダイイイシュウグゥアン
- [ ] 黄河路 黄河路 フゥアンハアルウ
- [ ] 延安東路 延安东路 ヤンアンドンルウ
- [ ] 大世界 大世界 ダアシイジエ
- [ ] 雲南南路 云南南路 ユンナンナンルウ
- [ ] 老西門 老西门 ラオシイメン
- [ ] 東台路骨董街 东台路古玩市场 ドンタイルウグゥワンシイチャン

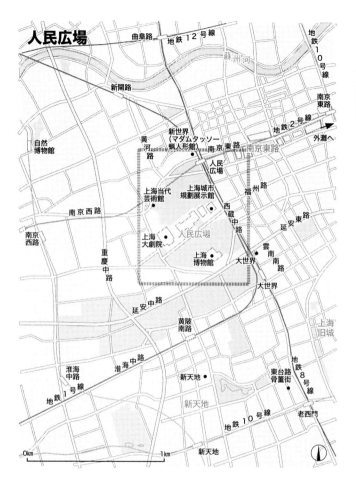

【地図】人民広場拡大

【地図】人民広場拡大の [★★★]
- ☐ 南京東路 南京东路ナンジンドンルウ

【地図】人民広場拡大の [★★☆]
- ☐ 人民広場 人民广场レンミングァンチャン
- ☐ 上海博物館 上海博物馆シャンハイボォウグァン

【地図】人民広場拡大の [★☆☆]
- ☐ 福州路 福州路フウチョウルウ
- ☐ 新世界（マダム・タッソー蝋人形館）新世界 シンシイジエ
- ☐ 上海城市規劃展示館 上海城市规划展示馆 シャンハイチャンシイグイファアチャンシイグゥアン
- ☐ 上海大劇院 上海大剧院シャンハイダァジュウユゥアン
- ☐ 上海当代芸術館 上海当代艺术馆 シャンハイダァンダイイイシュウグゥアン
- ☐ 国際飯店 国际饭店グゥオジイファンディエン
- ☐ 黄河路 黄河路フゥアンハアルウ
- ☐ 延安東路 延安东路ヤンアンドンルウ
- ☐ 大世界 大世界ダアシイジエ

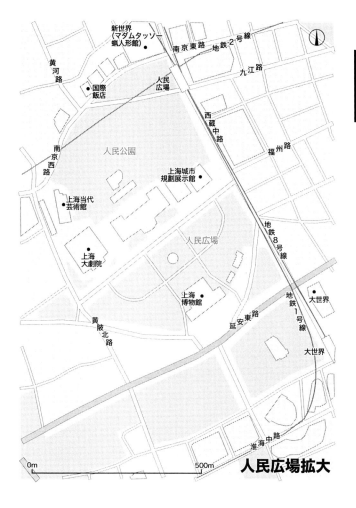

人民広場拡大

人民広場 人民广场
 rén mín guǎng chǎng レンミングァンチャン ［★★☆］

上海市街の中央部には巨大な空間が広がり、楕円形の敷地の南側が人民広場、北側が人民公園となっている。ここは租界時代、競馬場がおかれていたところで、その敷地跡に上海市政府や博物館が建てられた。南京東路と南京西路をわけるちょうどへその部分にあたり、周囲には高層ビルが林立している。

イギリス人による競馬場

イギリス商人にとって週末に行なわれる競馬は、情報交換や人脈づくりのための貴重な社交場となっていた(綿花や茶は季節もので、天候などによって取引条件が大きく左右され、情報収集はかかせなかった)。上海では1850年に最初の競馬場がつくられ、その後、租界の拡大とともに競馬場が西に移転し、現在の人民広場にあった3代目の競馬場は1862年に建設された。春夏に行なわれる大レースは上海の風物詩として広く知られていた。

上海城市規劃展示館 上海城市规划展示馆
shàng hǎi chéng shì guī huà zhǎn shì guǎn
シャンハイチャンシイグイファアチャンシイグゥアン [★☆☆]

都市上海と人、環境をテーマにした上海城市規劃展示館。展示ホールでは模型を使った、上海の発展の様子が見られる。

上海博物館 上海博物馆 shàng hǎi bó wù guǎn
シャンハイボォウウグァン [★★☆]

上海博物館は12万点の収蔵品をほこる中国屈指の博物館。青銅器館、絵画館、書法館、少数民族工芸館などから構成され、書画、貨幣、玉器、印章などがテーマごとに展示されている。

▲左 博物館の外観は天円地方の理念をもって建てられた。 ▲右 青銅器や書画など貴重な美術品を収蔵する上海博物館

中国の新石器時代後期（龍山文化）の玉を素材とした『玉神人』、夏殷周代の『青銅器』、王羲之の書『上虞帖』（親しい友人に書きあたえた短い手紙）、宋の太宗の名でつくられた法帖『淳化閣帖』、唐宋時代の『竹林七賢図』などが知られる。また円盤状の貨幣と鼎をイメージした建物は、中国の伝統的な世界観「天円地方（天は丸く、地は四角い）」を示している。

上海大劇院 上海大剧院 shàng hǎi dà jù yuàn
シャンハイダァジュウユゥアン [★☆☆]

上海大劇院は人民広場の一角に立ち、巨大な半円が上部に載る奇抜な外観をしている。大小のホールをそなえ、昆劇などの伝統劇やクラシック・コンサートが開催される。

崑劇とは

崑劇は明代の16世紀、江蘇省崑山の伝統劇に北方劇と南方劇双方の要素をとりいれることではじまった。魏良輔が創始者とされ、繊細な曲調や唱法、ふしは「蘭の花」にもたとえ

られる。化粧や服装で役柄や性格をあらわし、役者は机ひとつ、椅子ひとつといった簡素な舞台装置を山や川、楼閣に見立てて演技する。立ちまわりのあいだの「間」などで京劇との違いがあり、京劇はこの崑劇の影響を受けて発展した。

上海当代芸術館 上海当代艺术馆 **shàng hǎi dāng dài yì shù guǎn シャンハイダァンダイイイシュウグゥアン** ［★☆☆］
南京西路に面し、ガラスでおおわれた外観をもつ上海当代芸術館（MOCA:Museum of Contemporary Art）。彫刻や絵画などの現代美術をあつかい、中国人美術家の展示が見られる

ほか、イベントも行なわれる。

国際飯店 国际饭店 guó jì fàn diàn
グゥオジイファンディエン ［★☆☆］

22階建て、高さ83.8mの国際飯店は、黒い花崗岩と焦げ茶色のたたずまいをした高級ホテルで、1980年代まで上海でもっとも高い建物だった。租界時代、競馬場にのぞむ絶好の立地で人気を博し、西隣には映画館大光明電影院が位置した（旧グランドシアターと呼ばれたこの劇場で、李香蘭のリサイタルが行なわれた）。

▲左 尖塔をもつ大世界、魔都上海を象徴する場所だった。　▲右 料理の支度をする人々、雲南南路の美食街にて

黄河路 黄河路 huáng hé lù フゥアンハアルウ［★☆☆］

南京西路から北に向かって走る美食街の黄河路。上海料理の焼き小龍包、点心を出す広東料理のほか、四川、湖南など中国各地の料理店がならぶ。

延安東路 延安东路 yán ān dōng lù ヤンアンドンルウ［★☆☆］

延安東路は上海市街の東西を走る大動脈で、かつてこの通りが共同租界とフランス租界をわけていた（旧エドワード7世路）。もともとクリーク（水路）が流れていたが、埋め立てられ、租界でもっとも広い通りとなっていた。

大世界 大世界 dà shì jiè ダアシイジエ ［★☆☆］

尖塔をもつ外観をし、魔都と名をはせた「オールド上海」を代表する場所だった大世界。1915年に総合娯楽施設として開館し、楼外楼、新世界（大世界同様の総合娯楽施設）を世に送り出した黄楚九が当初、経営にあたった。レストラン、劇場、曲芸、雀荘、占い、迷路などが1〜6階のあいだに入り、マジックミラーやエレベーター、射撃など当時、目新しかったものが人々を魅了した。やがてギャング団青幫の手に移ると、大世界は賭博所、売春宿、アヘン窟などが入居する魔窟となった。

雲南南路 云南南路
yún nán nán lù ユンナンナンルウ ［★☆☆］

大世界のそばを南北に走る美食街。水槽に入った新鮮な魚が見られる海鮮料理店、羊のしゃぶしゃぶ店、月餅などのおやつをあつかう店やカフェなどがならぶ。このあたりは租界時代からの歓楽街で、架かっていた橋の名前をとって八仙橋街ともいった。

陰謀渦巻く魔都上海

CHINA
上海

1920年代のオールド上海
英語やフランス語、ロシア語などが飛び交うなど
東アジア随一のコスモポリタンの姿があった

無国籍都市

「魔都」という言葉は、イギリスやフランス、インド、ロシアなど世界中のあらゆる場所から文化が上海に流入し、かつ中国官憲の統制がきかない状態だったことから生まれた（ビザなしで入国できたことから、ユダヤ人難民も多く移住してきた）。世界各国の外交官、ゾルゲをはじめとするスパイ、革命家、仕事を求めて流入した極貧の中国人労働者、娼婦など、ありとあらゆる人々がいて、夜になればギャング団も暗躍した。たとえば英語で「シャンハイする」という言葉は「誘拐する」「あざむく」といった意味で使われ、1870年代の上

海には1700件ものアヘン窟があったという(アヘンを火であぶり、その煙を吸った)。

上海を牛耳ったギャング団青幇

青幇は明清時代、運河輸送に従事する労働者の集まりだったが、やがて秘密結社化した。19世紀末以来、金融や不動産業で力をつけ、アヘン、賭博、売春の斡旋などを行なって上海の娯楽産業をにぎった。このギャング団のボスが浦東(高橋鎮)出身の杜月笙で、国民党の蒋介石と結ぶほどの力をもち、「上海の夜の帝王」として君臨した(1927年4月12日、

上海の共産党員を弾圧、殺戮した白色テロは、青幇がその手先となって行なわれたという)。

上海を彩った乗りもの

上海では開港直後の1855年には馬車が走っていたが、やがて1868年には自動車が登場し、また1908年には南京路を東西に走る路面電車が開通した。こうしたなか1869年に東京で生まれた人力車が、1874年、フランス人宣教師によって上海にもちこまれ、黄包車として親しまれた（タクシーのように人々の足代わりになった）。黄包車とそれをひく苦力の

Waitan 陰謀渦巻く魔都上海

▲左　人民広場に面する新世界、夜、街はネオンに彩られる。　▲右　火鍋に使う鍋がならんでいる

様子は租界時代の知られた光景で、この乗りものは上海から東南アジア、インドへと広がった。

Guide, Yu Yuan
豫園城市案内

租界以前の上海の面影を伝える豫園一帯
都市の守り神をまつった城隍廟
人々でにぎわう商城などが一体化した旧県城の中心

豫園 豫园 yù yuán ユウゥユュエン ［★★★］

豫園は江南を代表する名園で、明代の1559年、上海出身の官吏潘允端によってつくられた（科挙に合格して官吏になり、やがて自らの住宅に園林を造園するほどの地位だった）。豫園という名前は「豫悦老親（老親をよろこばせる）」に由来し、20年近い歳月をかけ石や名木を集めて完成した。楼閣、築山、回廊が迷路のように続く回遊式庭園となっていて、「都市のなかの山水」にもたたえらえた。やがて潘氏が没落して豫園は荒廃したが、清代の1760年、地元の商人などが出資してよみがえった。明代の豫園は今の2倍以上の規模だったと伝

【地図】豫園

【地図】豫園の [★★★]
- [ ] 豫園 豫园ユウュユウエン

【地図】豫園の [★★☆]
- [ ] 湖心亭 湖心亭フウシンティン
- [ ] 豫園商城 豫园商城ユウュユウエンシャンチャン
- [ ] 旧上海県城 上海旧县城シャンハイジィウシャンチャン

【地図】豫園の [★☆☆]
- [ ] 三穂堂と豫園北西部 三穗堂サンスイタン
- [ ] 点春堂と豫園北東部 点春堂ディエンチュンタン
- [ ] 玉玲瓏と豫園東部 玉玲珑ユゥウリンロン
- [ ] 内園 内园ネイユゥエン
- [ ] 老城隍廟 老城隍庙ラオチャンフゥアンミャオ
- [ ] 上海老街 上海老街シャンハイラオジエ
- [ ] 沈香閣 沉香阁チェンシィアンガア

【地図】豫園（園林区）

【地図】豫園（園林区）の [★★★]
- [ ] 豫園 豫園ユウゥユウエン

【地図】豫園（園林区）の [★★☆]
- [ ] 湖心亭 湖心亭フウシンティン
- [ ] 豫園商城 豫園商城ユウゥユウエンシャンチャン

【地図】豫園（園林区）の [★☆☆]
- [ ] 三穂堂と豫園北西部 三穂堂サンスイタン
- [ ] 点春堂と豫園北東部 点春堂ディエンチュンタン
- [ ] 玉玲瓏と豫園東部 玉玲瓏ユゥウリンロン
- [ ] 内園 内園ネイユゥエン

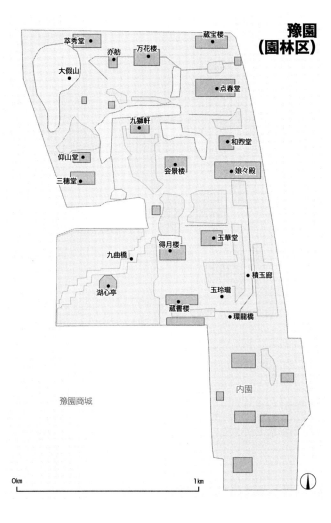

上海

えられ、現在の豫園は潘允端の記した『豫園記』をもとに再現されている。

中国庭園とは

中国庭園では、池を中心にして楼閣や亭、太湖石、築山、草花や樹木を配し、中国文人たちが理想とした世界が表現された。「園中の園」というように、庭園のなかに入れ子状に庭園をつくり、それらを洞門（壁を丸く繰り抜いて空間を結ぶ）やさまざまな文様の透かし窓を使って空間や景色を変化させている。また堂や亭には書道家による扁額をかざり、文人が

▲左　格子越しに見える風景。　▲右　豫園の湖心亭、九曲橋をたどってゆく

書道や山水画に親しんだり、観劇をする場となっていた（自然をそのまま使うのではなく、太湖石をおいたり、人工の築山から滝を流すことも特徴で、中国庭園独特の世界が展開する）。こうした自然豊かな江南園林は中国皇帝たちの憧憬の的でもあり、北京の頤和園や故宮の庭園などで江南の庭園が再現された。

湖心亭 湖心亭 hú xīn tíng フウシンティン ［★★☆］

湖心亭は豫園入口前方の四角い池の中央に立ち、そこにいたる九曲橋がかかっている。清代以後、豫園界隈には各商業の公署（事務所）がおかれ、その周囲に茶店、旅館などが集まって商業地を形成した。湖心亭はもともと青藍布業者が集まる公署だったが、1885年に龍井茶などが味わえる茶店となった。湖心亭では、胡弓や四弦琵琶などで構成される江南糸竹（合奏）の音色が聴こえる。

三穂堂と豫園北西部 三穂堂
sān suì táng サンスイタン [★☆☆]

豫園の入口正面に位置し、5間からなる堂々としたつくりを見せる三穂堂。1760年に建設され、「城市山林」「霊台経始」といった複数の扁額がかけられている（扁額では、たとえば先祖が高級官吏であったことが宣言された）。三穂堂に続いて仰山堂が位置し、その背後にはかつてここから黄浦江が見えたという高さ14mの築山がそびえる。

点春堂と豫園北東部 点春堂
diǎn chūn táng ディエンチュンタン [★☆☆]

豫園北西部から東に回廊を進むと万花楼、4本爪をもった龍壁をへて点春堂にいたる。点春堂はこのエリアの中心で、池にのぞみ、周囲には人工の築山が立つ。この点春堂には1853年、太平天国に呼応して蜂起した小刀会の拠点がおかれた経緯もあり、このとき上海租界に多くの中国人が移住することになった。また点春堂の南には観劇するための舞台打唱台が、さらにその南にはめずらしいガジュマルの椅子がおかれた和煦堂が位置する。

玉玲瓏と豫園東部 玉玲珑
yù líng lóng ユゥウリンロン [★☆☆]

豫園をつくった潘允端の書斎が再現された玉華堂。その南側に立つ高さ 3.3m の玉玲瓏は、宋代の「風流天子」徽宗が集めた名石で、江南三石にもあげられる。玉玲瓏には 72 の穴があり、雨が降ると水をはねたり、流したりして美しい姿を見せる。こうした太湖石は、太湖の浸食を受けてかたちを変えた石灰石で、中国庭園になくてはならないものとなっている。

内園 内园 nèi yuán ネイユゥエン [★☆☆]

豫園の南側は内園と呼ばれる一帯で、敷地内には木造の楼閣がならび立つ。ここはもともと隣接する城隍廟の東園だったところだが、豫園にとりこまれることになった。奥にある劇台では、昆劇などが演じられ、人々を楽しませた。

▲左　豫園内部、濃密な空間が続く。　▲右　両側から建物がせまり来る豫園商城のにぎわい

豫園商城 豫园商城 yù yuán shāng chéng
ユウゥユゥエンシャンチャン ［★★☆］

南翔饅頭店の小籠包など上海を代表する老舗が店を構え、多くの人でにぎわう豫園商城。ちょうど庭園の西半分にあたり、清代の1760年、荒廃した豫園が商人たちによって再興されたとき、公署と呼ばれる同業集団がここにおかれた（都市の守り神がまつられた城隍廟の近くは商業拠点になり、全部で22の公署があったという）。19世紀、商人たちが公署の敷地や建物を貸し出したため、商店や飲食店がならぶようになった。

上海

老城隍廟 老城隍庙 lǎo chéng huáng miào
ラオチャンフゥアンミャオ ［★☆☆］

城隍廟は中国の伝統的な都市に必ずつくられる道教廟で、その都市の守り神がまつられている（城隍とは「城壁」と「濠」を意味し、それらに囲まれた都市そのもの）。上海の城隍廟は宋代から続くと言われ、15世紀の明代初期に現在の場所に移された。1960年代の文化大革命で破壊をこうむったが、20世紀末の改革開放とともに再建され、現在にいたる。

▲左 上海の都市の神様がまつられた老城隍廟。 ▲右 色とりどりの凧が売られていた

上海老街 上海老街
shàng hǎi lǎo jiē シャンハイラオジエ ［★☆☆］

豫園の南側を東西に走る全長800mの上海老街。明清時代を思わせる建物が再建され、各種店舗が軒をつらねる。そのなかには江南特有の「老虎窓」と呼ばれる屋根裏窓も見える（ここから光や空気をとりこむ）。

【MEMO】

Guide,
Shang Hai Jiu Xian Cheng
旧県城
城市案内

かつて周囲6kmの城壁をめぐらせ
「ウォールド・シティ」と呼ばれていた上海県城
楕円形の道路が当時の街区を今に伝える

旧上海県城 上海旧县城 shàng hǎi jiù xiàn chéng
シャンハイジィウシャンチャン ［★★☆］

旧上海県城は宋代から続く中国の伝統的な都市で、麻雀やトランプに興じる人々、洗濯物をほす竹ざおなど昔ながらの人々の暮らしぶりを見ることができる。この地には宋代の1267年に上海鎮が、元代の1292年に上海県がおかれ、明清時代には当時、江南随一の都だった蘇州になぞらえて「小蘇州」と呼ばれていた。19世紀、イギリスがこの上海県城の北側に租界を構えると、近代的な租界（北市）に対して、南市と呼ばれるようになった。この旧上海県城には北京から上

CHINA
上海

海道台が派遣され、租界とは異なる性格、行政機構をもったふたつの上海が並立した。旧上海県城は他の中国の都市同様、孔子をまつる文廟や城隍廟など中国人の信仰や生活に根ざした街の構成となっている。

中国人たちの上海

1845年にイギリス租界が設定されると、仕事を求める多くの中国人が上海に流入し、浙江省の寧波人は旧県城内外の咸瓜街に、福建人は県城東門外に、広東人は虹口というように同郷出身同士で固まって暮らした。これらの人々は、それぞ

▲左　人々の生活が息づく旧上海県城、細い路地が続く。　▲右　イスラム教徒が礼拝に訪れる小桃園清真寺

れの会館や公署に集まり、上海での仕事の斡旋、祭祀の実行、冠婚葬祭の面倒まで多岐にわたる互助活動を行なった（福建会館では媽祖、山西会館では関羽というようにそれぞれの神がまつられた）。互いの方言が通じず、食文化の違いもあって、こうした出身地ごとの会館、職業ごとの公署などのギルドは、200にも達したという。

【地図】旧上海県城

【地図】旧上海県城の ［★★★］
- ☐ 豫園 豫园 ユウゥユュエン
- ☐ 外灘 外滩 ワイタン
- ☐ 南京東路 南京东路 ナンジンドンルウ

【地図】旧上海県城の ［★★☆］
- ☐ 旧上海県城 上海旧县城 シャンハイジィウシャンチャン
- ☐ 和平飯店北楼（旧サッスーン・ハウス）和平饭店北楼 ハァピンファンディエンベイロウ

【地図】旧上海県城の ［★☆☆］
- ☐ 沈香閣 沉香阁 チェンシィアンガア
- ☐ 上海文廟 上海文庙 シャンハイウェンミャオ
- ☐ 小桃園清真寺 小桃园清真寺 シャオタオユュエンチンチェンスウ
- ☐ 大境閣古城壁 古城墙大境阁 グウチャンチィアンダアジンガア
- ☐ 白雲観 白云观 バイユングァン
- ☐ 四明公所 四明公所 スウミンゴンシュゥオ
- ☐ 老西門 老西门 ラオシイメン
- ☐ 東台路骨董街 东台路古玩市场 ドンタイルウグウワンシイチャン
- ☐ 法蔵講寺 法藏讲寺 ファアツァンジィアンスウ
- ☐ 老城隍廟 老城隍庙 ラオチャンフゥアンミャオ

CHINA
上海

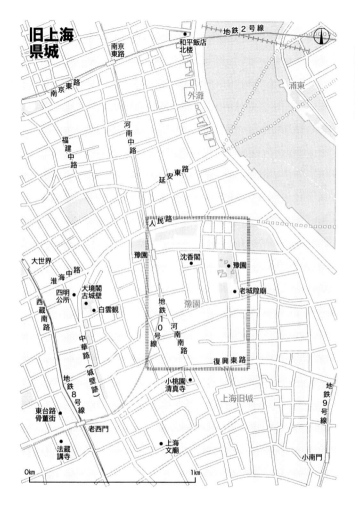

【地図】老西門

【地図】老西門の [★★★]
- [ ] 豫園 豫园 ユウユゥエン

【地図】老西門の [★★☆]
- [ ] 旧上海県城 上海旧县城 シャンハイジィウシャンチャン

【地図】老西門の [★☆☆]
- [ ] 上海文廟 上海文庙 シャンハイウェンミャオ
- [ ] 大境閣古城壁 古城墙大境阁 グウチャンチィアンダアジンガア
- [ ] 白雲観 白云观 バイユングァン
- [ ] 四明公所 四明公所 スウミンゴンシュゥオ
- [ ] 老西門 老西门 ラオシイメン
- [ ] 東台路骨董街 东台路古玩市场 ドンタイルウグウワンシイチャン
- [ ] 法蔵講寺 法藏讲寺 ファアツァンジィアンスウ
- [ ] 大世界 大世界 ダアシイジエ
- [ ] 雲南南路 云南南路 ユンナンナンルウ

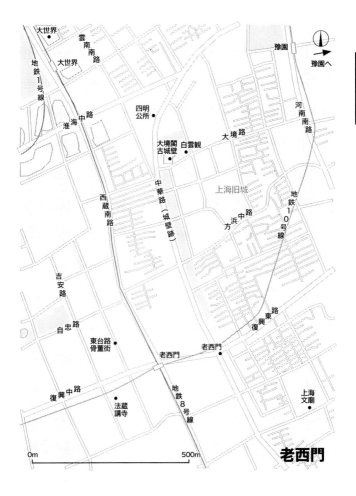

老西門

旧県城城市案内

沈香閣 沉香阁 chén xiāng gé チェンシィアンガア [★☆☆]
沈香閣は豫園西側に残る仏教寺院で、慈雲禅院とも呼ばれる。17世紀の明代、潘允端（豫園をつくった）の建立と伝えられ、淮河の川面にただよう沈香木製の観音像を拾ってそれをまつったことをはじまりとする。1960年代の文化大革命でこの像は破壊され、沈香閣も荒廃したが、20世紀末に再建された。

上海文廟 上海文庙
shàng hǎi wén miào シャンハイウェンミャオ ［★☆☆］

「学問の神様」である孔子がまつられた上海文廟（中国の伝統県城には必ず文廟があった）。現代の建物は清代末の1855年に建てられ、その後、破壊と再建を繰り返して現在の姿になった。

小桃園清真寺 小桃园清真寺 xiǎo táo yuán qīng zhēn sì
シャオタオユゥエンチンチェンスウ ［★☆☆］

小桃園清真寺は、旧上海県城の中心近くに残るイスラム教モ

スク。礼拝堂は500人を収容し、清代の木版『コーラン』を収蔵する。食事や礼拝時間などの生活規定があるイスラム教徒があたりに集住している。

大境閣古城壁 古城墙大境阁 gǔ chéng qiáng dà jìng gé
グウチャンチィアンダアジンガア ［★☆☆］

大境閣古城壁はわずかに残る旧上海県城の城壁跡で、三層からなる堂々としたたたずまいを見せている。もともと倭寇（中国海岸部を荒らす海賊）対策のために1553年に建てられ、倭寇収束後に関羽がまつられた。上海県城の城壁は1912年

▲左　堂々としたたたずまいの大境閣古城壁。　▲右　武の神、関羽。道教は実在の人物を神様としてとりこんだ

からとり壊しがはじまったが、工事の管理事務所がここにおかれたためこの城壁だけが残ることになったという。

白雲観　白云观 bái yún guān　バイユングァン［★☆☆］

白雲観は大境閣古城壁に隣接して立つ道教寺院。明代に北京の白雲観（道教の一派全真教の総本山）から『正統道蔵』をもち帰った道士が開いたことをはじまりとする。現在の建物は1882年に建てられたあと、何度か再建されている。

四明公所 四明公所
sì míng gōng suǒ スウミンゴンシュゥオ [★☆☆]

四明公所は広東人とともに上海の発展を支えた浙江省寧波人が集まる同郷会館で、1797年に設立された（四明とは寧波を意味する）。寧波人は浙江省の茶や綿花の輸出、また造船を扱うことで長江デルタ一帯に勢力を広げた。この四民公所では寧波から移住してきた者の就職の斡旋、また身寄りのない者を埋葬する墓地の世話もした。のちにこのあたりを租界にしたフランスが、共同墓地を撤去しようとし、それに反対する寧波人が武装蜂起する四民公所事件が起こった。

近代中国を席巻した浙江財閥

浙江財閥は19世紀以降、中国(清朝)が西欧諸国に植民地化されていく過程で台頭してきた。太平天国の乱鎮圧のための武器供給、造船業など清朝洋務運動の請け負い、また西欧商社の買弁業などを通じて力をたくわえ、20世紀初頭には中国を代表する財閥となっていた(上海への地の利から、万里の長城への物資運搬や塩の売買で財をなした山西商人や新安商人にとって代わった)。この浙江財閥の力を利用したのが同じく浙江省出身の蒋介石で、国民政府を支援した宋子文には三人の姉妹がいて、長女の宋靄齢は孔祥熙に、次女の宋

慶齢が孫文に、三女の宋美齢が蒋介石に嫁ぎ、実質的に中国を支配したことが知られる。

老西門 老西门 lǎo xī mén ラオシイメン ［★☆☆］
老西門は旧上海県城の西門にあたった儀鳳門跡で、門自体は1912年に撤去されたが地名として残った（上海県城には6つの門があり、そのひとつだった）。上海県城とフランス租界に続く要衝だったところで、太平天国の乱（1851〜64年）では激戦地となった。

▲左　四明公所には上海の発展に貢献した寧波人が集った。　▲右　街の定食屋さん、さまざまな料理のなかから選べる

東台路骨董街 东台路古玩市场 dōng tái lù gǔ wàn shì chǎng ドンタイルウグウワンシイチャン [★☆☆]

東台路骨董街は「古玩一条街」と呼ばれる上海を代表する骨董ストリート。印章、人形、中国画、古銭から、シルクや扇子、はさみまで各種の雑貨をあつかう店舗がならぶ。ここで売られている商品の多くは模造品だという。

法蔵講寺 法藏讲寺 fǎ cáng jiǎng sì ファアツァンジィアンスウ [★☆☆]

法蔵講寺は老西門西側に位置する天台宗の仏教寺院で、1924

年に建立された。外壁に囲まれ、敷地内に大雄宝殿、講経法堂などの伽藍が立体的に展開する。玉仏寺・静安寺・龍華寺とならぶ四大仏教寺院として知られる。

十六舗 十六铺 shí liù pù シイリュウプウ ［★☆☆］
十六舗は上海県城の東側のエリアで、宋代から港がおかれてきた。船着場のある埠頭では、同里や朱家角など近くの鎮から運ばれてきた物資が陸揚げされ、また租界時代には青幇の牛耳る賭博場や売春宿もあった。現在も上海の古い面影を伝える地域となっていて、人々の営みが息づいている。

董家渡天主堂 董家渡天主堂 dǒng jiā dù tiān zhǔ táng
ドンジィアドゥティエンチュウタン［★☆☆］

黄浦江近く、下町の雰囲気を残す南市に立つ董家渡天主堂。上海でもっとも由緒正しいローマ・カトリック教会で、1853年に建てられた（フランスが1844年に租界を獲得し、ここに教会が建てられた）。インドや日本で布教にあたった聖フランシスコ・ザビエルを守護聖人とする。

【地図】南市

【地図】南市の [★★★]
- [ ] 豫園 豫园ユウユゥエン

【地図】南市の [★★☆]
- [ ] 旧上海県城 上海旧县城シャンハイジィウシャンチャン
- [ ] 黄浦江 黄浦江ファンプウジィアン

【地図】南市の [★☆☆]
- [ ] 十六舗 十六铺シイリュウプウ
- [ ] 董家渡天主堂 董家渡天主堂 ドンジィアドゥウティエンチュウタン
- [ ] 老城隍廟 老城隍庙ラオチャンフゥアンミャオ

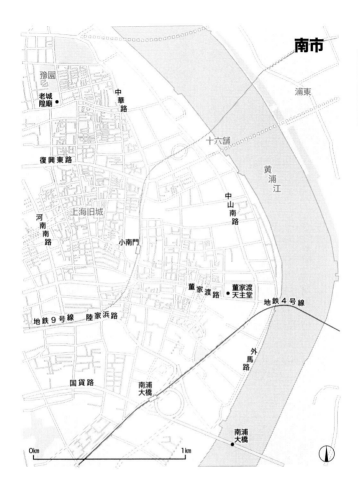

バンドと
上海誕生
のころ

1862年、江戸幕府の命で上海を訪れた高杉晋作の一行
彼らを待っていたのは石づくりの高層建築
上海は西欧の植民都市として発展した

イギリスの東洋進出

15世紀以降、大航海時代を迎えた西欧諸国は、世界中の海へ繰り出し、やがて優れた海軍をもつイギリスが台頭した。その尖兵となったのが東インド会社で、ケープタウン、ムンバイ、シンガポールなど世界の主要な港を結んで三角貿易で莫大な利益を手中にした（18世紀、インド綿花輸入の過程で、産業革命をいち早く達成した）。やがて東南アジアから中国へといたったイギリスは1793年、清朝に交易の拡大を求める使節を派遣したが、第6代乾隆帝はそれを拒否、西欧は中国南端の広州一港でのみ貿易が許されていた。

CHINA
上海

アヘン戦争

18世紀後半からイギリスで産業革命がはじまると、工業製品による富を得た資本家が台頭し、東インド貿易でもジャーディン・マセソン商会やサッスーン財閥などの私商人が活躍するようになっていた。当時、イギリスでは中国特産の茶が人気を博し、銀貨が中国へ流出し続けていたため、イギリスは植民地インドのアヘン(中毒性のある麻薬)を中国に輸出することでそれを相殺しようとした。アヘン中毒者が続出するなか、清朝欽差大臣林則徐はアヘン商人らに厳しい態度をとったが、これに対してイギリスは艦隊の派遣(砲艦外

Waitan バンドと上海誕生のころ

交）で応じ、1840年、アヘン戦争が起こった。清朝は敗れ、1842年の南京条約で香港島の割譲とともに上海をはじめとする港の開港が決まった。

資本家たちの活躍

アフリカや東南アジアで直接統治を行なったイギリスも、高い文明をもつ中国では利権をおさえることで支配を強化する道を選んだ。その拠点となったのが上海の租界で、ここに店舗を構えるイギリス系銀行や商社は、日清戦争（1894〜95年）や義和団の乱（1899〜1900年）などが起こるたびに軍事費

CHINA
上海

や賠償金を清朝に貸しつけ、代わりに鉄道利権や鉱山の利権をおさえていった。当時の中国には膨大な数の安い労働力と、綿製品などの買い手があったことから、イギリスや西欧諸国にとってより有利な投資、利益獲得の場となり、中国は半植民地化されていった。

上海の人口

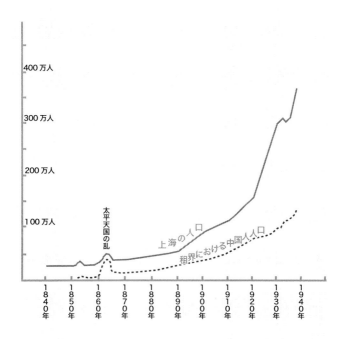

Waitan

バンドと上海誕生のころ

参考文献

『上海・都市と建築』(村松伸 / Parco 出版局)

『上海歴史ガイドマップ』(木之内誠編著 / 大修館書店)

『上海の県城志』(羽根田市治 / 竜渓書舎)

『上海歴史探訪』(宮田道昭 / 東方書店)

『上海外灘歴史地区の景観保全計画に関する研究』(張松・西村幸夫 / 日本建築学会計画系論文集)

『中国の庭園』(木津雅代 / 東京堂出版)

『帝国主義の時代』(江口朴郎 / 岩波書店)

『世界大百科事典』(平凡社)

[PDF] 上海地下鉄路線図 http://machigotopub.com/pdf/shanghaimetro.pdf

[PDF] 上海浦東国際空港案内 http://machigotopub.com/pdf/shanghaiairport.pdf

[PDF] 上海虹橋国際空港案内 http://machigotopub.com/pdf/shanghaihongqiaoairport.pdf

[PDF] 上海地下鉄歩き http://machigotopub.com/pdf/metrowalkshanghai.pdf

まちごとパブリッシングの旅行ガイド
Machigoto INDIA , Machigoto ASIA , Machigoto CHINA

【北インド - まちごとインド】

001 はじめての北インド
002 はじめてのデリー
003 オールド・デリー
004 ニュー・デリー
005 南デリー
012 アーグラ
013 ファテープル・シークリー
014 バラナシ
015 サールナート
022 カージュラホ
032 アムリトサル

【西インド - まちごとインド】

001 はじめてのラジャスタン
002 ジャイプル
003 ジョードプル
004 ジャイサルメール
005 ウダイプル
006 アジメール（プシュカル）
007 ビカネール
008 シェカワティ
011 はじめてのマハラシュトラ
012 ムンバイ
013 プネー
014 アウランガバード
015 エローラ
016 アジャンタ
021 はじめてのグジャラート
022 アーメダバード
023 ヴァドダラー（チャンパネール）

024 ブジ（カッチ地方）

【東インド - まちごとインド】

002 コルカタ
012 ブッダガヤ

【南インド - まちごとインド】

001 はじめてのタミルナードゥ
002 チェンナイ
003 カーンチプラム
004 マハーバリプラム
005 タンジャヴール
006 クンバコナムとカーヴェリー・デルタ
007 ティルチラパッリ
008 マドゥライ
009 ラーメシュワラム
010 カニャークマリ
021 はじめてのケーララ
022 ティルヴァナンタプラム
023 バックウォーター（コッラム～アラップーザ）
024 コーチ（コーチン）
025 トリシュール

【ネパール - まちごとアジア】

001 はじめてのカトマンズ
002 カトマンズ
003 スワヤンブナート

004 パタン
005 バクタプル
006 ポカラ
007 ルンビニ
008 チトワン国立公園

【バングラデシュ - まちごとアジア】

001 はじめてのバングラデシュ
002 ダッカ
003 バゲルハット（クルナ）
004 シュンドルボン
005 プティア
006 モハスタン（ボグラ）
007 パハルプール

【パキスタン - まちごとアジア】

002 フンザ
003 ギルギット（KKH）
004 ラホール
005 ハラッパ
006 ムルタン

【イラン - まちごとアジア】

001 はじめてのイラン
002 テヘラン
003 イスファハン
004 シーラーズ
005 ペルセポリス
006 パサルガダエ（ナグシェ・ロスタム）
007 ヤズド
008 チョガ・ザンビル（アフヴァーズ）
009 タブリーズ

010 アルダビール

【北京 - まちごとチャイナ】

001 はじめての北京
002 故宮（天安門広場）
003 胡同と旧皇城
004 天壇と旧崇文区
005 瑠璃廠と旧宣武区
006 王府井と市街東部
007 北京動物園と市街西部
008 頤和園と西山
009 盧溝橋と周口店
010 万里の長城と明十三陵

【天津 - まちごとチャイナ】

001 はじめての天津
002 天津市街
003 浜海新区と市街南部
004 薊県と清東陵

【上海 - まちごとチャイナ】

001 はじめての上海
002 浦東新区
003 外灘と南京東路
004 淮海路と市街西部
005 虹口と市街北部
006 上海郊外（龍華・七宝・松江・嘉定）
007 水郷地帯（朱家角・周荘・同里・甪直）

【河北省 - まちごとチャイナ】

001 はじめての河北省
002 石家荘
003 秦皇島
004 承徳
005 張家口
006 保定
007 邯鄲

【江蘇省 - まちごとチャイナ】

001 はじめての江蘇省
002 はじめての蘇州
003 蘇州旧城
004 蘇州郊外と開発区
005 無錫
006 揚州
007 鎮江
008 はじめての南京
009 南京旧城
010 南京紫金山と下関
011 雨花台と南京郊外・開発区
012 徐州

【浙江省 - まちごとチャイナ】

001 はじめての浙江省
002 はじめての杭州
003 西湖と山林杭州
004 杭州旧城と開発区
005 紹興
006 はじめての寧波
007 寧波旧城
008 寧波郊外と開発区
009 普陀山
010 天台山
011 温州

【福建省 - まちごとチャイナ】

001 はじめての福建省
002 はじめての福州
003 福州旧城
004 福州郊外と開発区
005 武夷山
006 泉州
007 厦門
008 客家土楼

【広東省 - まちごとチャイナ】

001 はじめての広東省
002 はじめての広州
003 広州古城
004 天河と広州郊外
005 深圳（深セン）
006 東莞
007 開平（江門）
008 韶関
009 はじめての潮汕
010 潮州
011 汕頭

【遼寧省 - まちごとチャイナ】

001 はじめての遼寧省
002 はじめての大連
003 大連市街
004 旅順
005 金州新区

006 はじめての瀋陽
007 瀋陽故宮と旧市街
008 瀋陽駅と市街地
009 北陵と瀋陽郊外
010 撫順

【重慶 - まちごとチャイナ】
---

001 はじめての重慶
002 重慶市街
003 三峡下り（重慶〜宜昌）
004 大足

【香港 - まちごとチャイナ】
---

001 はじめての香港
002 中環と香港島北岸
003 上環と香港島南岸
004 尖沙咀と九龍市街
005 九龍城と九龍郊外
006 新界
007 ランタオ島と島嶼部

【マカオ - まちごとチャイナ】
---

001 はじめてのマカオ
002 セナド広場とマカオ中心部
003 媽閣廟とマカオ半島南部
004 東望洋山とマカオ半島北部
005 新口岸とタイパ・コロアン

【Juo-Mujin（電子書籍のみ）】

Juo-Mujin 香港縦横無尽
Juo-Mujin 北京縦横無尽
Juo-Mujin 上海縦横無尽

【自力旅游中国 Tabisuru CHINA】
---

001 バスに揺られて「自力で長城」
002 バスに揺られて「自力で石家荘」
003 バスに揺られて「自力で承徳」
004 船に揺られて「自力で普陀山」
005 バスに揺られて「自力で天台山」
006 バスに揺られて「自力で秦皇島」
007 バスに揺られて「自力で張家口」
008 バスに揺られて「自力で邯鄲」
009 バスに揺られて「自力で保定」
010 バスに揺られて「自力で清東陵」
011 バスに揺られて「自力で潮州」
012 バスに揺られて「自力で汕頭」
013 バスに揺られて「自力で温州」

【車輪はつばさ】
南インドのアイラヴァテシュワラ寺院には建築本体に車輪がついていて寺院に乗った神さまが人びとの想いを運ぶと言います。

- 本書はオンデマンド印刷で作成されています。
- 本書の内容に関するご意見、お問い合わせは、発行元の
  まちごとパブリッシング info@machigotopub.com までお願いします。

まちごとチャイナ
上海003外灘と南京東路
～色気香る「オールド上海」[モノクロノートブック版]

2017年11月14日　発行

著　者	「アジア城市（まち）案内」制作委員会
発行者	赤松　耕次
発行所	まちごとパブリッシング株式会社
	〒181-0013　東京都三鷹市下連雀4-4-36
	URL http://www.machigotopub.com/
発売元	株式会社デジタルパブリッシングサービス
	〒162-0812　東京都新宿区西五軒町11-13
	清水ビル3F
印刷・製本	株式会社デジタルパブリッシングサービス
	URL http://www.d-pub.co.jp/

MP089

ISBN978-4-86143-223-1 C0326　　　Printed in Japan
本書の無断複製複写 (コピー) は、著作権法上での例外を除き、禁じられています。